SALVATORE GAIA

VENDERE IMMOBILI

Tecniche per Gestire i Clienti

e Concludere Velocemente le Vendite

Titolo

"VENDERE IMMOBILI"

Autore

Salvatore Gaia

Editore

Bruno Editore

Sito internet

www.brunoeditore.it

Sommario

Introduzione

Il mercato immobiliare negli ultimi due anni ha risentito degli effetti della crisi che sta interessando il nostro Paese, tuttavia, nonostante il periodo negativo, ci sono alcune agenzie che hanno aumentato il numero di compravendite e il proprio fatturato.

Come fanno questi operatori a incrementare i propri guadagni in un periodo storicamente così negativo?

Lo scopo di questo ebooket è proprio quello di analizzare e spiegare in maniera semplice gli strumenti che tali agenti utilizzano, al fine di renderli comprensibili e utilizzabili da chiunque. In cinque capitoli andremo a toccare con mano i punti fondamentali per incrementare i nostri guadagni indipendentemente dal periodo di crisi, analizzando come ottenere incarichi a un prezzo vantaggioso, come promuovere efficacemente le case in vendita, come gestire i clienti e il prezzo e il corretto modo di valutare una proposta d'acquisto.

Vedremo in conclusione come affrontare le obiezioni del nostro interlocutore in tutte e tre le fasi della vendita: l'acquisizione dell'immobile, i dubbi dell'acquirente in fase di proposta e quelli al momento della trattativa finale, quando si presenta l'offerta al venditore.

Per i neofiti del settore, inoltre, è possibile approfondire anche altri elementi dell'attività di agente immobiliare con il mio ebook *Il Mediatore Immobiliare*, già pubblicato da Bruno Editore.

CAPITOLO 1:
Come acquisire al prezzo di mercato

Come già ampiamente trattato nel mio precedente ebook *Il mediatore immobiliare*, una delle fasi fondamentali per vendere velocemente gli immobili è proprio quella di acquisire gli stessi a un prezzo di mercato.

Ma quando un prezzo si può definire "di mercato"? Molto semplice, quando l'immobile si posiziona a un valore inferiore rispetto agli altri simili, in vendita al momento. Ma il prezzo non è l'unica variabile. L'obiettivo di questo capitolo è proprio quello di spiegare come selezionare gli affari più remunerativi.

Sì, hai capito bene, selezionare gli immobili da acquisire: è questo il primo passo che deve compiere un agente immobiliare per differenziarsi dalla concorrenza, infatti la maggior parte degli operatori oggi gestisce indifferentemente ogni immobile in vendita nella speranza che, avendone diversi da proporre al cliente, prima o poi farà una contratto. Questa modalità, oltre a prevedere la gestione di più immobili, comporta un enorme dispendio di tempo e di risorse e provoca il non avere nessun controllo sulle proprietà stesse.

Per differenziarsi, e dare quindi un'immagine professionale di sé, diventa molto importante scegliere in modo mirato quali proposte sottoporre al cliente. Costui si chiederà subito il motivo per il quale un agente gli mostra una casa piuttosto che un'altra e inevitabilmente apprezzerà la professionalità di chi, pur avendone la possibilità, sceglie di non offrirgli un acquisto a un prezzo troppo elevato.

Questo sistema, tuttavia, non è sufficiente da solo a far acquisire immobili vendibili, infatti, seppur al giusto prezzo, non è detto che una casa venga venduta subito. Cosa bisogna fare allora per ottenere stabili che si vendano in tempi brevi?

Prima di tutto bisogna analizzare le richieste, ovvero identificare i clienti definiti "caldi", quelli che hanno necessità reali e urgenti di fare l'acquisto. Una volta identificato un cliente con urgenza di risolvere l'affare, verificato che ne abbia il potere d'acquisto, se necessario appurando che sia finanziabile, allora, e solo in quel momento, comincio una ricerca mirata per il cliente. In questo modo mi presento dai venditori con un'arma inattaccabile: ho una richiesta reale, motivata e concreta.

Può essere capitato di aver riferito a un venditore di essere in contatto con un cliente interessato alla proprietà, solo per allettarlo e aggiudicarci l'ingaggio, senza poi avergli presentato nessuno e svelando così la fallacia della nostra proposta. In questo caso, invece, ci presentiamo dal cliente come il referente dell'acquirente, cioè la persona incaricata a ricercare un immobile per lui, del quale conosciamo la precisa esigenza; in tal modo saremo già in grado di dire al cliente se la sua offerta corrisponde o meno alla richiesta di chi vuol comprare.

Quanto ci guadagneremo in professionalità e in immagine, nei confronti del cliente venditore, nel proporci così? Quanti agenti immobiliari conosci che si muovono in questo modo?

Nel mercato attuale ci sono molti immobili in vendita, e spesso si cedono a cifre decisamente inferiori a quelle proposte, quindi questo modo di presentarci ci permette di avviare una trattativa sul ribasso del prezzo, ancora prima di aver preso l'incarico di vendita. Un ulteriore vantaggio è dato anche dal fatto che un cliente venditore ci percepisce più efficaci della maggior parte degli agenti che operano sul mercato oggi, di conseguenza, se dopo aver venduto dovrà anche acquistare, è molto probabile che si affidi a noi anziché ad altri.

Da un'analisi stilata sulle richieste che ricevo quotidianamente, e confrontandole con i miei colleghi in varie parti d'Italia, ho scoperto che le richieste spesso sono simili. In pratica, ciò che ho appurato è che, su un campione di circa cento richieste, quelle dei clienti caldi, salvo casi eccezionali, sono molto simili a quelle dei clienti che non hanno esigenze immediate, quindi, acquisendo un immobile idoneo a un avventore caldo, se anche non dovesse essere acquistato da lui, molto probabilmente lo sarà da un altro compratore che ha già lasciato una richiesta in ufficio.

Come deve avvenire la ricerca degli immobili dunque?

In base a quanto accennato prima, un immobile, anche se immesso sul mercato al giusto prezzo, potrebbe non essere venduto subito, a maggior ragione se si tratta di un articolo particolare, come ad esempio una villa singola di 200 mq con ampio parco e posizione invidiabile. Anche al giusto prezzo, quanti sono i potenziali clienti che hanno il budget per acquistarla? Se non ho già nel mio portafoglio clienti una o più richieste per un prodotto del genere, mi conviene acquisirlo?

Cosa succede se prometto al cliente di trovare un compratore in poche settimane perché il prezzo è adeguato e poi non gli presento nessuna offerta? È possibile che egli perda fiducia in me? Che mi reputi poco professionale? Che mi accusi di avergli fatto perdere del tempo?

Purtroppo, indipendentemente dalle energie o risorse che avrò investito nella promozione di una casa, se questa non viene venduta il proprietario si farà inevitabilmente una pessima opinione di me. Quindi, scegliere di lavorare su immobili che sarò in grado di vendere ha lo scopo di migliorare la mia reputazione e accrescere la cerchia dei miei potenziali clienti.

SEGRETO n. 1: scegliere di lavorare su immobili che sarò in grado di vendere ha lo scopo, oltre che di farmi concludere favorevolmente l'affare, di migliorare la mia reputazione e portarmi nuovi clienti futuri.

Un altro risvolto positivo è che avrò meno immobili da gestire e quindi potrò dedicare a ognuno maggior tempo e risorse, fattore non trascurabile: se gestisco meno immobili, ma di questi ne piazzo la maggior parte, potrò restituire ai miei clienti una percentuale di successo molto alta.

È un fattore fisiologico, tu preferisci affidarti a una persona che ha un'alta percentuale di realizzo o a un'altra che non sa nemmeno quanti immobili ha in vendita, né in che percentuale li cede?

SEGRETO n. 2: se gestisco un minor numero di immobili, e questi sono vendibili, ne sistemerò la maggior parte e sarà evidente a tutti che sono un agente immobiliare di successo.

Quindi per avere successo è importante imparare a dire di no.

Proprio così, un no detto al momento giusto ci permette di avere innumerevoli vantaggi, quali?

Molto semplice, hai mai pensato a quanto tempo investi in beni che dopo un anno non sono ancora stati sistemati? Quanti appuntamenti di vendita? Quante visite ai proprietari per relazionare sull'attività svolta? Quante inserzioni pubblicitarie?

Ti sei mai soffermato a verificare da quali annunci provengono le chiamate di potenziali acquirenti? Il maggior numero di queste arriva da un limitato numero di immobili, quali? Quelli vendibili naturalmente.

Quindi eliminare dal proprio portafoglio immobili quelli invendibili comporta solo guadagni e, se per caso uno di questi venisse miracolosamente venduto, evita di rimuginarci sopra, ma soffermati a pensare a quanti affari hai concluso con edifici venduti nel tempo che avresti dedicato singolarmente a quello, e probabilmente ti stupirai scoprendo che in tale periodo ne hai piazzati più di uno. Ma come si fa a far abbassare il prezzo al venditore? Se strutture simili sono in vendita a prezzi maggiori, perché lui dovrebbe mettere la sua in vendita a un prezzo minore?

Come ti ho detto prima, la maggior parte degli immobili viene venduta a un valore inferiore rispetto alla proposta iniziale, è quindi fondamentale avere uno storico dei prezzi delle vendite, verificare ogni quanto tempo vengono ribassati e a quale cifra vengono venduti alla fine.

Io ho fatto una mia indagine personale, avvalendomi anche della collaborazione di colleghi che operano nel mercato immobiliare da una decina d'anni esattamente come me, abbiamo verificato che tendenzialmente si acquisisce un immobile a un prezzo alto per legare a noi il cliente e con cadenza regolare, ogni tre settimane o al massimo una volta al mese, si va da lui a far ribassare il prezzo.

Dopo circa tre mesi di gestione, questo edificio, o terreno, comincia a essere interessante e, oltre ad aumentare il numero di visite, si possono raccogliere già le prime offerte.

Così facendo di certo si sono persi almeno tre mesi, nel qual tempo però tu hai dovuto investire in pubblicità, hai dovuto incontrare almeno tre volte il venditore e con gran fatica e dispendio di energie fargli digerire una riduzione del prezzo.

Se hai a che fare con un venditore motivato (vedi il capitolo "Come qualificare con successo un cliente venditore" nel mio ebook *Il mediatore immobiliare*) non avrà tre mesi da perdere, e quindi partire da un prezzo adeguato gli permetterà di vendere il suo immobile prima degli altri, che nello stesso momento sono ancora vendita sul mercato a un prezzo elevato, avendo accesso a quegli acquirenti che, se motivati, in questi tre mesi avranno già acquistato.

SEGRETO n. 3: mediamente ogni tre settimane il prezzo di un immobile viene ribassato. Mettere sul mercato una casa al giusto prezzo permette di risparmiare almeno tre mesi di promozione e consente di avere accesso ai clienti che, se motivati, in quel lasso di tempo avranno già acquistato.

I clienti venditori sono spesso informati sul reale valore del proprio immobile e talvolta, quando ci chiedono di pubblicizzarlo a un prezzo elevato, lo fanno nella vana speranza di speculare; di conseguenza arrivare all'appuntamento adeguatamente preparati ci consentirà di gestire al meglio le loro obiezioni.

Uno strumento molto utile è quello di confrontare l'immobile in vendita con altri simili nella stessa zona, che siano attualmente in vendita, e con quelli già venduti negli ultimi sei mesi. Per avere poi un'incidenza maggiore, sarebbe opportuno specificare, per le proprietà liquidate, da quanto tempo erano in vendita, da quale prezzo partivano, se ci sono stati dei ribassi, quando sono stati fatti e, naturalmente, il prezzo di transazione finale.

Se gli immobili li hai venduti tu, non avrai problemi a recuperare tutti i dati, se invece sono stati venduti da privati o da altre agenzie, probabilmente non riuscirai a saperne il reale prezzo di vendita, ma dalle pubblicazioni e inserzioni immobiliari avrai comunque i dati relativi alle tempistiche e ai ribassi di prezzo. Se non hai già una banca dati dei prezzi degli immobili, ti consiglio di iniziare immediatamente a crearla. È molto semplice e la si può fare anche con un semplice foglio di calcolo in Excel: ti basterà monitorare costantemente gli annunci immobiliari sia sulla carta stampata che sui siti Internet. Di conseguenza, avrai uno strumento con una duplice funzione:

1. un elenco completo degli immobili in vendita, con il loro prezzo e la data di messa in vendita;
2. un valido serbatoio di informazioni da cui attingere per fare il confronto di proprietà da acquisire.

Un suggerimento che ho ricevuto e applicato con grande successo è quello di chiamare anche i clienti che sono già in trattativa con altre agenzie per informarmi sulla scadenza del mandato e, alla data stabilita, prendere in vendita l'immobile.

Il vantaggio maggiore di quest'operazione è che, quando il mandato scade e la casa non è stata venduta, il momento è ideale per abbassare sensibilmente il prezzo di vendita. Succede molto frequentemente infatti che, non avendo venduto, i clienti si rassegnino ad adeguare il prezzo di conseguenza; poi, ricominciando con il giusto prezzo, arrivano le offerte.

Una strategia vincente, quando si deve fissare il prezzo, è quella di porgere al cliente la seguante domanda: «Se dovesse acquistare questa casa, a quale cifra lo farebbe?» Naturalmente lui cercherà di far credere che la pagherebbe più del suo valore, ma, nel caso fosse interessato anche a un acquisto, allora non potrebbe più obiettare sul prezzo di altri immobili che gli proporrete. Di conseguenza, se nel fargli un'offerta per la cessione gli mostrate altre soluzioni per l'acquisto, sarà vincolato a essere il più sincero possibile.

Ricapitolando, il primo passo per vendere un immobile in tempi minori è quello di prendere un incarico di vendita al giusto prezzo di mercato; per fare ciò si deve lavorare con clienti realmente motivati, selezionare accuratamente le transazioni da gestire, scegliendo in particolar modo quelle maggiormente richieste, cercare offerte per le quali si abbiano già richieste calde, imporsi come dei professionisti che sanno anche dire di no e, di conseguenza, rinunciare a un incarico invendibile; paragonare il prezzo della proprietà con altre simili già vendute per far ragionare il cliente sul reale prezzo di mercato dell'immobile.

RIEPILOGO DEL CAPITOLO 1:

- SEGRETO n. 1: scegliere di lavorare su immobili che sarò in grado di vendere ha lo scopo, oltre che di farmi concludere favorevolmente l'affare, di migliorare la mia reputazione e portarmi nuovi clienti futuri.
- SEGRETO n. 2: se gestisco un minor numero di immobili, e questi sono vendibili, ne sistemerò la maggior parte e sarà evidente a tutti che sono un agente immobiliare di successo.
- SEGRETO n. 3: mediamente ogni tre settimane il prezzo di un immobile viene ribassato. Mettere sul mercato una casa al giusto prezzo permette di risparmiare almeno tre mesi di promozione e consente di avere accesso ai clienti che, se motivati, in quel lasso di tempo avranno già acquistato.

CAPITOLO 2:
Come pianificare una promozione mirata

Una volta preso l'incarico di vendita, bisogna avere ben chiaro in mente cosa si deve fare per concludere rapidamente un affare, di conseguenza può risultare molto utile avere una *checklist* delle operazioni da svolgere, magari del tipo con lo spazio per mettere la spunta ad attività effettuata (tipo quella proposta a mo' di esempio in fondo al capitolo).

Un promemoria scritto ci permette di mantenere la concentrazione sulle attività da svolgere e sulle tempistiche, infatti, non tutte le attività devono avvenire contemporaneamente.

Parto dall'idea che per vendere un qualsiasi prodotto sia necessario dargli la giusta visibilità, di conseguenza, il primo passo da fare è quello di esporre il cartello «vendesi» sull'immobile. Per ogni occasione, inoltre, va creata una promozione personalizzata, a iniziare dall'annuncio.

Ti è mai capitato di leggere qualche inserzione immobiliare? Hai notato anche tu che sono tutte molto simili? Mancano di personalità, hanno testi piatti e ripetitivi.

L'idea è quella, partendo dalla descrizione, di dare vivacità all'annuncio, dargli uno scopo, rinviare l'attenzione del lettore ai vantaggi di quell'immobile, ma come?

Il primo concetto da chiarire è che la maggior parte degli annunci è piatta e monotona perché chi li scrive è convinto di proporre un bene e, di conseguenza, si sofferma sulle caratteristiche tecniche e sul numero di vani della struttura. In realtà, esattamente come le aziende che promuovono un servizio, noi dobbiamo dare una collocazione al nostro prodotto, dobbiamo specificare i benefici, spingere all'azione il lettore dell'inserzione, fare in modo che alzi la cornetta del telefono e ci chiami per avere maggiori informazioni.

Per farlo, dobbiamo per prima cosa chiederci a chi possa interessare questa casa, perché, se abbiamo un'idea sul possibile acquirente, ci rivolgeremo direttamente a lui.

Come si identifica un cliente ideale? Facciamo una riflessione: credi che la promozione di una villa in campagna possa essere simile a quella di un attico in centro? Cambiando solo la dicitura da «attico» a «casa indipendente»? Mi spiego meglio, prendiamo ad esempio due immobili simili per numero di vani e accessori, uno è un attico in centro e l'altro è una casa indipendente in periferia, se ci fai caso, troverai decine di annunci che per promuovere due abitazioni così diverse fra loro si somigliano molto, proprio perché entrambi parlano di riscaldamento, numero di vani e prezzo.

Contestualizzando l'annuncio invece si otterrà il seguente risultato:

- primo caso, attico in centro: «Libero professionista cede a malincuore il suo bellissimo attico nella prestigiosa e centralissima via Roma per trasferimento di lavoro in un'altra città»;
- secondo caso, la casa singola in periferia: «Stufo del traffico desideri una casa immersa nel verde dove veder crescere i tuoi figli lontani dallo stress urbano? Vieni a visionare questa soluzione indipendente in via Prati fioriti».

Naturalmente questa è solo la parte iniziale dell'annuncio, successivamente verrà la descrizione degli ambienti, magari aggiungendo anche in questo caso qualche riferimento ai benefici. Ad esempio, se in soggiorno c'è un camino che permette di integrare il riscaldamento si deve scrivere semplicemente «soggiorno con camino» oppure vale la pena di aggiungere: «Il soggiorno è abbellito da un confortevole caminetto che, oltre all'aspetto puramente estetico, ha il prestigioso vantaggio di ridurre i costi di riscaldamento»? Noti delle differenze fra i due stili di annuncio?

In entrambi i casi siamo partiti dal beneficio, per poi integrarlo con l'aspetto tecnico, l'annuncio acquisisce dinamicità, crea interesse e si riferisce direttamente al potenziale interessato. Nel caso dell'attico, il testo comincia con la dicitura «libero professionista cede a malincuore», dà subito l'idea che il potenziale acquirente potrebbe essere un altro libero professionista, inoltre suggerisce una valida motivazione di vendita, il trasferimento, e specifica che i proprietari si trovano bene in quella casa e non la venderebbero se non fosse necessario.

Così facendo, il lettore avrà subito la sensazione che si tratti di un'occasione, infatti il riferimento al trasferimento è un richiamo implicito alla necessità di vendere in tempi brevi, senza però sminuire l'immobile con la solita frase scontata «prezzo trattabile».

Nel caso invece della villetta singola, c'è un aggancio emotivo molto potente, che evoca sensazioni positive (i figli) e altre negative (traffico e stress urbano) dando però subito la soluzione e quindi creando un aggancio emotivo positivo. Anche in questo caso ci si rifà subito al potenziale acquirente, dando per scontato che l'immobile sia interessante per chi ha figli o ne desidera. Inoltre specifica l'ubicazione lontana dalle principali arterie di traffico, senza però usare frasi "killer" come ad esempio «in periferia» o «zona tranquilla», che rendono l'impressione di aree isolate e mal servite.

SEGRETO n. 4: l'annuncio deve essere personalizzato e indirizzato direttamente alla categoria del potenziale acquirente, con riferimenti precisi ai benefici di cui potrà godere.

Lo stesso sistema è utilizzato per la descrizione degli elementi tecnici, come visto in precedenza per il caminetto: si parte dalla caratteristica, ci si chiede quale sia il beneficio e poi se ne parla enfatizzandolo e contestualizzandolo.

Annunci cartacei strutturati così hanno un'incidenza di mercato decisamente maggiore di quelli classici.

Inoltre, come detto prima, per ogni immobile è bene fare una pubblicità personalizzata, quindi aggiungere sempre una o più fotografie suggestive, per catturare l'attenzione del potenziale acquirente.

Crea delle mini brochure per ogni costruzione, da distribuire e lasciare al cliente in fase di visita; ognuna delle quali dovrà contenere più fotografie, che siano minimo cinque o sei, ma meglio se si superano le dieci immagini, con una parte riservata alla scheda tecnica dove sarà riportato l'elenco dei vani e la rispettiva metratura. Abbinare sempre alla pubblicazione, durante la visita, anche la planimetria dell'immobile, meglio se in scala.

Statisticamente ho riscontrato che un annuncio con foto riceve dalle cinque alle sette volte più chiamate di uno privo di immagini, di conseguenza un volantino personalizzato con un elevato numero di immagini riscuoterà un interesse ancora maggiore.

La distribuzione del volantino personalizzato dovrebbe inoltre avvenire nel più breve tempo possibile e direttamente nel quartiere in cui è situata l'abitazione, perché? Semplice, molto spesso se un cliente cerca casa in un determinato quartiere lo fa perché ci abita già e vi si trova bene, perché ci lavora o perché ha dei parenti o degli amici ai quali desidera avvicinarsi, di conseguenza, se distribuiamo il nostro volantino nelle zone immediatamente vicine alla costruzione in vendita, aumentiamo le possibilità che arrivi direttamente o indirettamente nelle mani del potenziale acquirente.
Recentemente ho avuto l'opportunità di affittare una bacheca nell'atrio dell'ospedale cittadino, proprio dove gli utenti fanno la coda per pagare il ticket (ti è mai capitato di vederne una?). L'investimento si è dimostrato subito efficace, infatti, oltre allo spazio su cui inserisco gli annunci cambiandoli con cadenza

quindicinale, ho anche un espositore dove lasciare dei volantini. Le chiamate di clienti che hanno visto l'annuncio sulla bacheca o che hanno preso il volantino sono state immediate, infatti l'atrio dell'ospedale è un luogo estremamente frequentato, e non solo dagli utenti che sono lì in coda, ci passano i parenti dei ricoverati (e sappiamo tutti che la malattia non conosce classe sociale, quindi c'è gente di ogni ceto e categoria), gli informatori farmaceutici e, non trascurabile, tutti i medici, gli infermieri e le altre categorie di lavoratori che orbitano intorno all'ospedale.

Parlo di un bacino d'utenza di centinaia di persone che ogni giorno avranno la possibilità di vedere i tuoi annunci, di prenderli in considerazione e di chiamarti.

Questo strumento di promozione offre la possibilità di creare molti contatti immediati per promuovere gli immobili, ma ha anche un ulteriore vantaggio: rientra nel ventaglio di servizi che proponi al venditore in fase di acquisizione, se vuole avere visibilità in un ambiente così frequentato allora deve lavorare con te e darti la sua casa da vendere. Inoltre, avrai una visibilità eccellente per il tuo marchio, in maniera continuativa e ripetuta nel tempo. Il tutto, con un investimento comunque contenuto.

La stessa cosa viene fatta anche nei supermercati e nei centri commerciali. Nelle gallerie dei negozi sempre più spesso si vedono le colonnine delle agenzie immobiliari che promuovono i loro servizi. L'errore più grosso che ho riscontrato in questo tipo di promozione è quello di utilizzare tali spazi come estensione della vetrina dell'agenzia. Mi spiego meglio: queste bacheche, o colonnine, sono troppo fitte di annunci e proposte. Si ha la sensazione che l'agente immobiliare voglia mettere in vetrina il maggior numero di immobili, come se volesse ammortizzare al massimo il costo della pubblicità, cosa che effettivamente è vera. Il risultato, però, è quello di avere un'accozzaglia di annunci e proposte sempre del tipo che abbiamo detto prima, piatti e poco personalizzati.

In realtà lo spazio fuori dell'agenzia deve essere differenziato. Hai deciso di fare un investimento? Benissimo! Allora fallo fruttare al massimo, differenzialo, trasformalo in un angolo esclusivo. Come? Prova a dargli un tono di eccezione. Potresti inserire nella bacheca una fascia evidenziata sotto il marchio dell'agenzia, in cui inserire una frase accattivante che faccia risaltare l'annuncio, come ad esempio: «Proposte della settimana!» oppure «nuove proposte», o anche «solo per questa settimana». Crea l'urgenza e l'esclusività, dai importanza all'evento e rendilo unico!

Per gli immobili (o l'immobile, se scegli di inserirne uno solo) crea una grafica accattivante, inserisci fotografie d'effetto, studia il miglior annuncio possibile. Fai in modo che il cliente che vuole affidarti la sua casa da vendere desideri avere quello spazio per una settimana, devi fargli capire che non tutti gli edifici promossi avranno quell'opportunità, perché lo spazio è limitato e lo riservi solo alle proposte di cui hai il mandato di vendita in esclusiva.

SEGRETO n. 5: trova sistemi alternativi per promuovere gli immobili e valorizzali rendendo esclusivo il servizio che offri, cosicché il cliente venditore ti scelga anche per usufruire degli strumenti di cui ti avvali.

Il passo successivo nella promozione di un immobile è quello di coinvolgere i tuoi colleghi, sia quelli dell'agenzia in cui lavori, sia delle altre (sì, anche le altre agenzie). Una volta che avrai realizzato una scheda dettagliata della proposta, mostrala a loro, cerca quelli che hanno stabili in vendita nella stessa zona o che hanno l'agenzia nel quartiere dove è posizionata la casa di cui ti stai occupando.

Ricordati sempre che la collaborazione, a maggior ragione in un periodo di crisi come questo, permette di fare più compravendite e in minor tempo. Se custodisci gelosamente il tuo incarico nella speranza di concluderlo tu, potresti perdere mesi interi e non è detto che l'acquirente arrivi direttamente da te, indipendentemente da quanto sia stato bravo nel tuo lavoro. Invece, collaborando con le altre agenzie, c'è la possibilità che il collega abbia già un potenziale cliente caldo a cui far vedere la casa.

Quanti soldi in pubblicità ti farà risparmiare vendere una casa in una settimana o due anziché in tre mesi? Il cliente sarà soddisfatto? Parlerà bene di te? Se conosce qualcuno che deve vendere gli dirà di rivolgersi a te perché sei molto efficace? Ma per quale motivo un collega dovrebbe voler collaborare? Alcuni stimoli, che dovrai evidenziare mentre gli proporrai la collaborazione, sono:

1. lui ha il mandato di vendita in esclusiva, quindi il proprietario non può scavalcarlo;
2. se ha un cliente con l'esigenza di acquistare quell'immobile, gli conviene proporglielo e concludere una vendita, aspettando corre il rischio che il cliente veda il tuo cartello e venga direttamente da te;
3. se collabora con te in questo affare, avrà la possibilità di proporti lo stesso quando tu gestirai un cliente utile a lui, e tu gli permetterai di aumentare il numero di vendite e ridurre i tempi di promozione, con notevoli vantaggi per entrambi.

Ti sembrano argomentazioni valide per unirsi? Inoltre ricordati che un collega che si trova bene a lavorare con te ti proporrà affari per un lungo periodo di tempo, offrendoti la possibilità di guadagnare molto di più di quanto faresti con le provvigioni di una singola vendita. Coltivare dei rapporti di scambio con altre agenzie permette di avere costanza nei guadagni anche in periodi di crisi. Quindi collaborare corrisponde ad aumentare le possibilità di guadagno nel lungo periodo, mentre la maggior parte degli agenti ha la credenza limitante che questo corrisponda a rinunciare a una provvigione.

L'aspetto della collaborazione è molto delicato. Ti sarà sicuramente capitato che un cliente non abbia ceduto l'esclusiva sulla vendita perché convinto che, mettendola nelle mani di più agenzie, avrebbe avuto maggiori possibilità di riuscita. Mostrandogli il tuo modo di operare collaborativo, capirà di avere a disposizione più agenzie e allo stesso tempo un unico referente con il quale confrontarsi.

SEGRETO n. 6: la collaborazione con altri agenti o agenzie crea continuità di guadagni anche nei periodi di crisi, accorcia i tempi di vendita e permette di soddisfare le esigenze dei clienti acquirenti anche se fra gli immobili che hai da vendere non c'è quello adatto per loro.

Un altro aspetto da curare in maniera particolare è quello che concerne gli annunci su Internet. Sai come funziona la ricerca degli immobili nel web? Da una statistica personale ho scoperto, sempre grazie alla collaborazione di alcuni colleghi in tutta Italia, che oltre il 70 per cento dei clienti prima di entrare in agenzia a chiedere informazioni ha già consultato la rete per informarsi sulle offerte e confrontare i prezzi degli immobili.

Ma come funziona realmente la ricerca su Internet? Alcuni clienti consultano direttamente i siti più rinomati, altri invece digitano alcune parole chiave nel motore di ricerca e poi analizzano i risultati. Sia in un caso che nell'altro, la ricerca avviene attraverso le indagini che il sito interpellato e il motore di ricerca hanno effettuato.

In base a una serie di algoritmi e funzioni, sia i motori di ricerca che i singoli siti selezionano le inserzioni attraverso l'individuazione di alcune parole presenti al loro interno. Nella quasi totalità di casi, le persone inseriscono il nome della città in cui cercano una casa e poi indicano la tipologia (casa indipendente, a schiera o appartamento) e la sub-tipologia (bilocale, trilocale ecc.), il numero di bagni o di camere da letto e il prezzo.

Nel testo dell'annuncio è quindi fondamentale, affinché il nostro venga selezionato, che ci siano queste parole, a partire dal nome della città, anche se viene già inserito nell'apposita griglia per il caricamento dell'immobile.

Iniziare quindi l'annuncio sempre con la città, la zona o il quartiere, la tipologia (specificando se si tratta di una casa singola, di una villa a schiera o di un appartamento) e la sub-tipologia, ossia, se si tratta di un trilocale o di un quadrilocale. Successivamente, strutturarlo come abbiamo visto nelle pagine precedenti al fine di renderlo accattivante e dinamico. Questo modo di inserire le inserzioni aumenterà a dismisura il numero di visite dal web, proprio perché il nostro annuncio sarà riconosciuto in tutte le ricerche, sia che avvengano da motore di ricerca sia che avvengano dalla griglia di presentazione dei singoli siti. Ricordarsi inoltre di inserire il prezzo alla fine della descrizione, così da essere trovati anche da chi fa la ricerca su base economica.

SEGRETO n. 7: nella creazione dell'annuncio su Internet si deve inserire nel testo la località, la tipologia, la sub-tipologia e il prezzo per far sì che esso venga selezionato durante la ricerca.

In precedenza, abbiamo analizzato come realizzare delle pubblicità personalizzate per i singoli alloggi, ma in agenzia, quando hai di fronte il cliente, come avviene la tua presentazione mirata?

Mi ricordo che quando ho iniziato a fare questo lavoro la presentazione avveniva attraverso una scheda cartacea che era custodita in ufficio, la stessa che conteneva anche i dati del cliente venditore e doveva essere gelosamente coperta alla vista del cliente acquirente per evitare che riuscisse a scorgere i dati del proprietario e che poi lo contattasse privatamente. La scheda era priva di immagini o al massimo ne aveva una, giusto per ricordare a chi la consultava di quale abitazione si trattasse.

A ripensarci ora, a distanza di oltre dieci anni, mi viene da ridere. Il problema è che ancora oggi molte agenzie lavorano così, l'esposizione e la presentazione dell'immobile al cliente è verbale, senza immagini o planimetrie, e questi riesce a farsi un'idea della casa solo andandola a vedere, spesso con conseguente figuraccia di fronte al venditore perché la persona portata si lascia andare a commenti negativi o, peggio ancora, obietta che se avesse saputo che le finiture erano quelle non sarebbe mai venuto a vedere l'immobile. Ti è mai capitato?

Attualmente, quando propongo un'immobile a un cliente che ho di fronte a me in ufficio, mi avvalgo di una brochure stampata, evito il computer per non distrarre l'interlocutore e solo dopo aver identificato la proposta giusta allora, eventualmente, apro il file con le fotografie e gliele mostro in modalità di presentazione, per averle alla grandezza del monitor.

La brochure è composta in media da otto o dieci pagine, a seconda di quanto materiale ho a disposizione, ed è così strutturata:

1. frontespizio, contenente il logo e i riferimenti dell'agenzia, la località in cui è ubicata la soluzione, la tipologia, una foto che occupa metà della pagina e che sia rappresentativa

dell'immobile, sotto, vengono indicati il prezzo e lo *short link* per visualizzare la struttura da Internet (lo *short link* è la stringa da digitare nella barra di comando per accedere alla pagina interessata).

2. Seconda pagina dedicata alla descrizione dell'immobile e al suo posizionamento geografico (attraverso Google maps scarico la planimetria della zona in cui è ubicata la casa e la stampo sotto la descrizione, così il cliente che prende in mano la brochure vede immediatamente attraverso la cartina dove si trova).
3. La terza pagina e quelle successive sono dedicate alle immagini dell'abitazione, con viste dell'esterno e degli interni. Mediamente inserisco dalle quattro alle sei fotografie per ogni pagina, a seconda che siano in verticale o in orizzontale; è una quantità adeguata per mostrare gli interni senza avere esubero di pagine (per gli immobili senza troppe particolarità inserisco un minimo di diciotto o venti immagini, per quelli complessi o di ampia metratura supero abbondantemente le venti fotografie, quindi immagina se la brochure dovesse avere un'immagine per pagina quanto diventerebbe dispersiva).

4. Dopo le immagini, inserisco le planimetrie, a pagina intera, anche se non sono in scala non importa, devono dare un'idea precisa delle dimensioni ed essere leggibili, quindi per migliorare l'effetto uso planimetrie colorate (se necessario poi consegno al cliente separatamente le planimetrie in scala, ma questo avviene in una fase successiva, quando sta già valutando l'acquisto).
5. Le ultime due pagine, infine, sono occupate dalla scheda tecnica, che contiene tutte le informazioni sulla casa, dall'anno di costruzione alle misure dei singoli vani, spaziando dalle spese condominiali, se ci sono, ai materiali di costruzione.

Il cliente rimane sempre molto impressionato nello sfogliare le mie brochure. Quando poi fisso l'appuntamento e consegno quelle della proposta selezionata, affinché possano essere studiate prima della visita, la maggior parte degli avventori è quasi incredula, abituata com'è che alle altre agenzie che non rilasciano nulla dell'immobile. In certi casi, alcuni clienti mi hanno confidato che sono usciti da altri uffici senza che l'agente gli lasciasse nemmeno il suo biglietto da visita. Incredibile vero? Eppure succede proprio così!

SEGRETO n. 8: prepara una brochure per presentare gli immobili in ufficio, deve contenere la descrizione scritta, le immagini, le planimetrie e una scheda tecnica con i dati essenziali della soluzione, come il dettaglio dei vani e le misure degli ambienti.

□Inserimento incarico in banca dati	*entro le prime 48 ore*
□Raccolta dei documenti dei venditori, documenti di identità, atto di provenienza, atto di mutuo, planimetrie catastali, visure catastali	*prima della firma*
□Visure ipotecarie e catastali	entro le prime 48 ore
□Programmazione appuntamenti di gestione con i venditori	*entro le prime 48 ore*
□Inserimento incarico su internet	*entro le prime 48 ore*
□Creazione di una brochure dettagliata dell'immobile	*entro le prime 48 ore*
□Incrocio incarico con richieste in giacenza in banca dati	*entro le prime 48 ore*
□Contattare e proporre l'immobile ai clienti corrispondenti	*entro le prime 120 ore*
□Creazione annunci	*entro le prime 48 ore*
□Affissione cartello (Vendesi/affittasi) sull'immobile	*entro le prime 72 ore*
□Creazione e distribuzione dei volantini	*entro le prime 120 ore*
□Programmazione Open House	*entro le prime 3 settimane*
□Contattare le agenzie locali per proporre la collaborazione	*entro 1 settimana*
□Organizzare una visita in contemporanea con le agenzie interessate a collaborare nella promozione dell'immobile	*entro 2 settimane*
□Mailing tramite internet a tutti i clienti acquirenti e venditori della banca dati per comunicare di aver appena acquisito un nuovo immobile da vendere	*entro la prima settimana*

Fig. 1 – Checklist *dell'attività di promozione*

RIEPILOGO DEL CAPITOLO 2:

- SEGRETO n. 4: l'annuncio deve essere personalizzato e indirizzato direttamente alla categoria del potenziale acquirente, con riferimenti precisi ai benefici di cui potrà godere.
- SEGRETO n. 5: trova sistemi alternativi per promuovere gli immobili e valorizzali rendendo esclusivo il servizio che offri, cosicché il cliente venditore ti scelga anche per usufruire degli strumenti di cui ti avvali.
- SEGRETO n. 6: la collaborazione con altri agenti o agenzie crea continuità di guadagni anche nei periodi di crisi, accorcia i tempi di vendita e permette di soddisfare le esigenze dei clienti acquirenti anche se fra gli immobili che hai da vendere non c'è quello adatto per loro.
- SEGRETO n. 7: nella creazione dell'annuncio su Internet si deve inserire nel testo la località, la tipologia, la sub-tipologia e il prezzo per far sì che esso venga selezionato durante la ricerca.
- SEGRETO n. 8: prepara una brochure per presentare gli immobili in ufficio, deve contenere la descrizione scritta, le immagini, le planimetrie e una scheda tecnica con i dati

essenziali della soluzione, come il dettaglio dei vani e le misure degli ambienti.

CAPITOLO 3:
Come gestire un incarico

A meno che tu non sia nuovo del settore, hai sicuramente già una certa quantità di immobili da gestire. Di questi, quanti sono vendibili secondo il criterio che abbiamo visto nel primo capitolo? Quanti sono gestiti attraverso un incarico di vendita in esclusiva?

Prepara un elenco aggiornato degli immobili che hai da vendere, per ogni cliente analizza e scrivi quelle che sono le motivazioni, prepara un'analisi di mercato attraverso la comparazione dei prezzi con le soluzioni simili attualmente in vendita, ricontatta il cliente e informalo che hai bisogno di incontrarlo per metterlo al corrente di alcune importanti novità che vuoi discutere con lui di persona.

Prepara una presentazione dettagliata sul tipo di promozione che intendi adottare nella pubblicizzazione degli immobili, per ognuno sviluppa una brochure seguendo i criteri mostrati nel secondo capitolo e, infine, stabilisci qual è il prezzo massimo al quale intendi gestire ogni operazione.

Preparati a spiegare adeguatamente al cliente venditore che modificherai il tuo approccio alla gestione e promozione degli immobili, crea adeguati supporti cartacei per sostenere le tue teorie, ad esempio, l'analisi di mercato deve assolutamente essere scritta al fine di essere tangibile, così come la brochure dell'immobile, per far capire al cliente che ciò che dici è reale.

Prefiggiti l'obiettivo di incontrare singolarmente tutti i tuoi clienti venditori entro un paio di settimane, partendo proprio da quelli che ti hanno già dato un incarico in esclusiva, e comincia ad adeguare i prezzi di vendita come se si trattasse di un nuovo incarico, se ti sei accorto che l'immobile è stato acquisito a un prezzo troppo elevato fai un'ammissione di colpa sincera, spiegando l'errore e, senza soffermarti troppo su questo particolare, proponi le adeguate soluzioni.

Informa il cliente che hai adottato un nuovo piano di promozione, più efficace e redditizio rispetto a quello che usavi prima, mettilo al corrente che si tratta di un nuovo metodo di valutazione più realistico che gli offre la possibilità di mettere in vendita la sua proprietà in competizione con le altre attualmente sul mercato e che, così facendo, il suo affare sarà concluso prima degli altri in trattazione al momento e con caratteristiche simili al suo.

Se il cliente si dimostra restio al cambiamento, valuta nuovamente la sua motivazione, verifica se nel frattempo è cambiata, agisci sui benefici di una vendita veloce e, se nonostante questo il cliente rimane fermo sulle sue posizioni e si rifiuta di adeguare il prezzo di vendita, valuta se è il caso di continuare a proporlo, sii pronto a rinunciare all'incarico se ti accorgi che l'appartamento a quel prezzo è invendibile.

Sii onesto e corretto con il cliente perché, se decidi di continuare a proporre un appartamento o una casa anche nel saperla invendibile, dovrai essere preparato a perdere un lavoro; sì, proprio così, allo scadere del mandato il cliente sarà inevitabilmente scontento perché, se nonostante tutto avrai deciso di insistere con la stessa proposta, lui si aspetterà che tu gliela venda e, avverrà qualora ciò non fosse avvenuto, allo scadere del mandato probabilmente la darà da vendere a qualche altra agenzia, forse addirittura a un prezzo più basso.

In alternativa, se vedi che il cliente non è disposto ad abbassare adeguatamente il prezzo, puoi programmare una serie di incontri periodici con lui per rivedere la valutazione in maniera programmata, anche se ricadi nell'esempio degli altri immobili che vengono ribassati periodicamente, se reputi che la costruzione sia vendibile ma occorre diminuire il prezzo, allora la scelta è e deve essere del venditore.

Tu lo hai avvisato che è un sistema dannoso principalmente per lui, perché c'è il rischio che un potenziale acquirente attenda il prossimo ribasso, tuttavia, hai già investito nella promozione e quindi, prima di rinunciare all'incarico, se il cliente è disposto a programmare una serie di ribassi concordati è giusto anche avere la possibilità di recuperare l'investimento effettuato una vendita.

Nel caso in cui anche quest'operazione sia sgradita al venditore perché vuole assolutamente realizzare un prezzo secondo te eccessivo, allora chiediti se il cliente è giusto per te, rinunciare a quel tipo di incarico è l'unico modo che hai per salvaguardare la tua professionalità, esattamente come abbiamo visto nel Capitolo 1.

SEGRETO n. 9: ricontatta tutti i clienti venditori con i quali stai lavorando e mettili al corrente del nuovo metodo di promozione che stai adottando, programmando una serie di ribassi dei prezzi per adeguare il valore degli immobili in vendita agli standard di mercato attuali.

Una volta terminato di adeguare il prezzo degli immobili in vendita, passa alla seconda fase, ossia, fissa incontri individuali con i clienti venditori che ancora non ti hanno dato l'esclusiva e procedi in maniera analoga, semplicemente informa il cliente che senza un mandato non pubblicizzerai il suo immobile, su questo punto è fondamentale essere molto precisi, affinché egli non abbia aspettative nei tuoi confronti.

Il professionista sei tu ed è quindi una responsabilità tua quella di farti percepire come tale, se dici al cliente che lavori in un determinato modo e poi ti comporti diversamente stai auto-boicottando il tuo stesso lavoro. Essere fermi sulle proprie scelte, sostenendo il proprio comportamento con adeguati strumenti tangibili, permette di ottenere grandi risultati. Il passaggio più impegnativo è cambiare mentalità dal precedente approccio a quello nuovo, di conseguenza è molto importante prepararsi accuratamente e operare il passaggio interno prima di affrontare i clienti, proprio per essere credibili al momento di spiegare le novità a un cliente al quale fino a ieri abbiamo dato un certo tipo di servizio e al quale, da oggi, ne daremo un altro.

È molto importante rendersi conto che ciò che gli offriremo da oggi in avanti è migliore di ciò che danno gli altri agenti immobiliari e che noi stessi gli abbiamo prospettato fino a ieri. A differenza di quello che normalmente si pensa degli agenti immobiliari, che hanno grandi guadagni senza fare nulla, il nostro è un lavoro molto impegnativo, che comporta grandi responsabilità; attraverso il nostro operato passano i risparmi di molte famiglie, che hanno lavorato duramente per anni al fine di mettere da parte il denaro necessario ad acquistare casa, perciò il nostro impegno nel dare loro un servizio deve essere proporzionato al peso del loro acquisto.

Nel momento in cui mi pongo al cliente con questa ferma convinzione, dedicherò tutta la mia solerzia per fargli ottenere un buon risultato, sia esso un venditore o un acquirente. Se sono corretto e dico la verità, sia essa piacevole o sgradita, il cliente percepirà la mia professionalità e potrà apprezzare la bontà dei consigli che ho da dargli. Ecco perché essere corretti nelle valutazioni e mettere al corrente l'interlocutore sin dal primo incontro sul reale prezzo di realizzo del suo immobile ci permetterà di avere un rapporto di fiducia con lui, di essere apprezzati e, soprattutto, di essere ascoltati.

Quella dell'agente immobiliare è una vera e propria professione, che come tutte le professioni non si impara in due giorni, ci vuole molta sensibilità e altrettanto impegno, una chiave di svolta la rappresenta l'attenzione al cliente.

Molti scambiano il parlare con l'ascoltare e spesso ci si concentra troppo su ciò che si ha da dire trascurando un aspetto fondamentale, ossia ascoltare ciò che il cliente pensa. Quanto ascolti le cose che lui ti dice?

Hai mai provato, dopo che questo ti ha esposto un concetto, a chiedergli maggiori informazioni su ciò che ti ha appena detto? Sembra una banalità ma effettivamente l'errore più grande che ho riscontrato svolgendo la professione è proprio quello che i clienti non percepiscono l'attenzione dell'agente immobiliare, la sensazione che ricevono è quella di essere merce di scambio, ma personalmente non me la sento di dargli torto. Parlando con i colleghi, infatti, mi rendo conto che il cliente è giudicato al pari di una provvigione e quasi nessuno si sofferma a pensare che dietro un immobile ci sia una famiglia, delle persone reali con delle esigenze.

Basta veramente poco a far percepire al cliente di essere importante e far sì che lui desideri avere a che fare con noi per il semplice fatto che lo capiamo, che abbiamo a cuore la sua situazione, che ci interessa il suo pensiero.

Prendiamo un esempio classico: il nostro cliente decide di cambiare casa. Quante volte ci siamo soffermati a chiedergli cosa lo ha spinto a comprare proprio quell'appartamento? Cosa lo ha colpito e perché? Quale molla è scattata nella sua testa quando l'ha visto? Oggi per quale motivo vuole cambiare?

Il cliente si sentirà coinvolto, si lascerà andare e probabilmente ci darà delle motivazioni che inizialmente ci aveva taciuto, per pudore, a causa della poca conoscenza che ha di noi o anche semplicemente perché non ci aveva pensato. Dopotutto, per quale motivo ci dovrebbe raccontare cosa l'ha spinto ad acquistare quell'abitazione quando ora la vuole vendere? Eppure sono proprio i motivi che potrebbero spingere il prossimo cliente a fare l'acquisto e, se noi li conosciamo, possiamo strutturare la campagna di promozione proprio in quella direzione.

L'acquisto della casa è in gran parte emotivo, ma la vendita lo è allo stesso modo, forse anche maggiore, perché, oltre a cedere, la maggior parte dei clienti deve anche procurarsi una nuova abitazione, quindi si trova nella duplice posizione di venditore e di acquirente (nella maggior parte dei casi senza nemmeno soffermarsi a pensare che le due cose non sono distinte e che se vuole acquistare bene non può vendere a un prezzo superiore a quello di mercato).

Ascoltando attentamente il cliente, ponendo le giuste domande e dando il giusto peso alle sue affermazioni, possiamo condurlo a fare i ragionamenti corretti e quindi a mettersi nella posizione ideale per vendere in tempi brevi. Quante volte ti è capitato di sentirti dire dal cliente di dover realizzare quella determinata cifra per poter comperare quella determinata casa? Eppure se vuole un'altra abitazione probabilmente è perché è migliore della sua e la domanda da fare è la seguente: «Ma se l'altra casa è migliore e tu vuoi comprarla alla stessa cifra a cui vuoi vendere questa, perché chi è interessato alla tua non dovrebbe acquistare l'altra che offre di più alla stessa cifra?»

Il cliente sa che non può vendere un appartamento degli anni Settanta e comperarne un altro nuovo di pari metratura nello stesso quartiere senza dover aggiungere la differenza, però ci prova e spera di trovare lo sprovveduto che gli paga il suo più di quello che vale per permettergli di realizzare il suo sogno.

È questo il momento di essere un professionista e di dirgli che non è possibile. Per quale ragione l'acquirente dovrebbe prendere il suo appartamento se può acquistarne uno nuovo alla stessa cifra? L'errore che la maggior parte degli agenti commette è proprio quello di accettare le condizioni del cliente venditore solo per avere un alloggio in più da proporre, ma se acconsentiamo a gestire l'affare il cliente si aspetta che lo portiamo a compimento, e se ciò non avviene cosa dirà di noi? Nonostante sia stato lui a decidere il prezzo, penserà che non siamo capaci di lavorare bene. Ma in cuor nostro possiamo dargli torto? Siamo davvero dei professionisti, se abbiamo pensato di vendere il suo alloggio di quarant'anni allo stesso prezzo di uno nuovo? Possiamo biasimarlo della sua insoddisfazione, se lo abbiamo illuso di essere in grado di fare un'operazione alla pari? Oppure abbiamo mancato di professionalità?

Nel momento in cui il cliente ci dice di dover vendere, la prima cosa da capire è perché ha comprato proprio quella casa, poi perché la vuole cambiare e in fine cosa cerca, le tre fasi sono apparentemente distinte fra loro, ma in realtà strettamente collegate.

Ipotizziamo che il cliente ti dica di aver preso quella casa per la sua posizione, magari perché vicina al suo posto di lavoro, ma ora ne vuole una simile dalla parte opposta della città, e quando gliene chiedi la motivazione ti risponde che l'altro quartiere è più tranquillo e che è disposto a fare il pendolare per trasferirsi dove gli piace di più.

Non pensi che il fatto che lui non si senta tranquillo nella zona in cui abita sia un deterrente abbastanza forte anche per un potenziale acquirente? Il considerare poco sicuro quel quartiere è una motivazione sufficiente a fargli abbassare il prezzo di vendita per riuscire a trasferirsi con la famiglia in un ambiente migliore? Quanto valgono la sua tranquillità e quella della sua famiglia?

SEGRETO n. 10: ascolta ciò che il cliente ti dice e mostragli il tuo interesse con domande di approfondimento, lui sarà spronato a darti le reali motivazioni che lo spingono a cambiare casa. Sono le informazioni di cui hai bisogno per aiutarlo a prendere le giuste decisioni.

Un altro errore che l'agente immobiliare medio commette è quello di cercare di mostrarsi migliore del suo cliente, di metterlo in condizione di inferiorità per fargli capire quanto è bravo. Io sono invece convinto che il cliente riconoscerà la mia professionalità se riesco a farlo sentire intelligente e apprezzato, se lo coinvolgo dandogli la percezione di essere importante.

Sei mai andato ad acquistare un computer? Magari anche tu come me capisci poco di informatica e quando il venditore comincia a elencarti caratteristiche e dati ti senti spaesato. Ti sei sentito un po' ignorante? E forse anche tu come me a un certo punto, per non ammettere la tua incapacità, ti ritiri dicendo che devi pensarci e poi ti rivolgi a qualcun altro fino a che, dopo innumerevoli tentativi, trovi una persona che ti fa la domanda magica: «Ma il computer a cosa le serve? Ci deve lavorare o lo usa prevalentemente per navigare in Internet? Se ci lavora, quali tipi di programmi deve installare?» e solo dopo aver capito mi propone il prodotto migliore per le mie necessità e magari mi propone di darmelo già fornito dei programmi che mi servono. Nel primo caso ho avuto a che fare con un venditore, nel secondo con un consulente che mi ha coinvolto e mi ha offerto un servizio e solo successivamente mi ha venduto ciò di cui avevo bisogno. Tu con quale dei due vorresti avere a che fare?

Con i nostri clienti è la stessa identica cosa, solo che il nostro servizio non è tangibile come un computer e quindi è più complicato farglielo percepire, ci vuole maggiore attenzione, ma in sostanza tutto si risolve a questo: vuoi essere un venditore o un consulente? Credi che i tuoi clienti avranno maggior piacere a trattare con chi vuole convincerli o con chi li ascolta e li sa consigliare per il meglio?

Mettere in difficoltà il cliente per sembrare migliore è un'arma a doppio taglio, lui infatti, sentendosi sminuito, non si lascerà andare e probabilmente non ci darà le informazioni necessarie, cosicché consigliarlo sulle giuste scelte diventerà complesso, con un'elevata probabilità di insuccesso e la conseguenza letale che lui si sentirà insoddisfatto e ci farà una cattiva pubblicità.

Mettersi sul piano del cliente, utilizzare il suo stesso linguaggio e spingerlo verso ragionamenti corretti attraverso le giuste domande, lo porterà ad avere fiducia in noi, per lui diventerà naturale aprirsi e darci le risposte che cerchiamo, informandoci sui reali motivi che lo spingono a vendere, dicendoci chiaramente quello che sta cercando, così quando arriverà il momento di dargli dei consigli lui sarà predisposto ad ascoltarci.

Recentemente mi è capitato di incontrare un cliente che ha deciso di vendere il suo appartamento, inizialmente era un po' restio a parlare della sua situazione, la sensazione che ho avuto durante il colloquio è stata che fosse dispiaciuto di cedere la sua casa, ne pareva sinceramente innamorato, e in effetti la sua richiesta economica era sproporzionata rispetto a quello che il mercato del momento prevedeva per quella tipologia di alloggio. Nonostante la mia analisi comparativa e gli strumenti utilizzati, non era disponibile a rivedere la sua richiesta. Prima di rinunciare all'incarico di vendita, ritenendo che l'alloggio fosse davvero interessante e che al giusto prezzo avrebbe potuto essere venduto velocemente, ho deciso di fare un passo indietro e di approfondire meglio quali fossero la sue reali motivazioni.
Ho detto chiaramente al cliente che c'erano un paio di cose che non mi tornavano, gli ho detto che secondo me lui amava il suo alloggio e che non capivo per quale motivo volesse lasciarlo.

Anzi, gli ho riferito che secondo me non ne avrebbe trovato un altro che gli sarebbe piaciuto altrettanto e che avrebbe dovuto ripensarci, forse sarebbe stato meglio non vendere.

Sul momento il cliente è rimasto colpito, poi mi ha detto che apprezzava la mia sincerità e che effettivamente non voleva trasferirsi, solo che era costretto a farlo perché si trovava in difficoltà economiche con l'attività della moglie, essendo quella in passivo, e, non potendo impegnare l'immobile perché erano in affitto, avevano preso la dolorosa decisione di vendere la casa per salvare l'attività.

Ammetto di essere rimasto a mia volta colpito da tanta onestà e ho deciso di impegnarmi al massimo per dare una mano a quella famiglia. Il primo passo che ho compiuto è stato quello di approfondire la situazione, gli ho spiegato che per essergli d'aiuto era necessario che comprendessi a fondo la loro posizione, così ho cominciato a indagare su quale fosse la condizione economica dell'attività, ho addizionato la somma di denaro al mutuo residuo sulla casa e ho finalmente compreso il motivo per cui non voleva trattare il prezzo.

A conti fatti, tolto il debito residuo per il mutuo non rimanevano abbastanza soldi per sanare la situazione economica dell'attività e affrontare il trasloco in un'altra casa. Avrei potuto soffermarmi sul problema, come tra l'altro aveva fatto fino a quel momento il cliente, invece ho scelto di proporre delle soluzioni.

Analizzata la situazione, ho pensato che se lui avesse venduto avrebbe saldato il debito con la banca e di conseguenza avrebbe avuto di nuovo accesso al credito per sanare la situazione debitoria dell'attività della moglie, triste ma reale, mentre se non avesse venduto a breve, oltre a perdere l'attività gli avrebbero portato via la casa per sanare i debiti, con la drammatica conseguenza di ritrovarsi senza casa e senza attività.

Lui ha compreso la situazione e, con mio grande stupore, ma anche sollievo, ha accettato il mio consiglio. Il fatto di aver messo in vendita la casa a garanzia del debito ha fatto sì che il cliente avesse una dilazione dei pagamenti con la banca in attesa della vendita, proprio perché l'istituto di credito ha apprezzato il fatto che la cessione dell'abitazione fosse avvenuta a un prezzo competitivo, comprendendo l'enorme sforzo del mio cliente.

Questo è un esempio che mi tocca molto e che ritengo doveroso raccontare proprio perché non del tutto dipendente da me; il cliente aveva delle difficoltà, il mio merito non è stato quello di identificare il giusto prezzo a cui proporre la casa, lui lo sapeva benissimo che quello che chiedeva era troppo, il valore aggiunto è stato l'approfondire i reali motivi per cui vendeva, ascoltarlo attentamente e fornire delle valide soluzioni, pratiche e realizzabili.

SEGRETO n. 11: l'onestà e la limpidezza, insieme alla capacità di ascoltare e di dare soluzioni pratiche e attuabili, sono alla base di un successo a lungo termine, che farà degli stessi clienti la nostra pubblicità migliore.

RIEPILOGO DEL CAPITOLO 3:

- SEGRETO n. 9: ricontatta tutti i clienti venditori con i quali stai lavorando e mettili al corrente del nuovo metodo di promozione che stai adottando, programmando una serie di ribassi dei prezzi per adeguare il valore degli immobili in vendita agli standard di mercato attuali.
- SEGRETO n. 10: ascolta ciò che il cliente ti dice e mostragli il tuo interesse con domande di approfondimento, lui sarà spronato a darti le reali motivazioni che lo spingono a cambiare casa. Sono le informazioni di cui hai bisogno per aiutarlo a prendere le giuste decisioni.
- SEGRETO n. 11: l'onestà e la limpidezza, insieme alla capacità di ascoltare e di dare soluzioni pratiche e attuabili, sono alla base di un successo a lungo termine, che farà degli stessi clienti la nostra pubblicità migliore.

CAPITOLO 4:
Come formulare una proposta d'acquisto mirata

Abbiamo parlato durante il secondo capitolo di come i vari strumenti di vendita ci portino a ricevere un maggior numero di telefonate da parte di clienti interessati all'acquisto. Con quale criterio, però, definiamo un cliente seriamente motivato a comprare? Dedichiamo la stessa attenzione a tutti e gestiamo ognuno allo stesso modo?

Un paio di mesi fa mi trovavo in un'agenzia della cittadina in cui opero. C'ero andato per conoscere i colleghi che avevano aperto l'ufficio da poco. Mentre ero lì ha squillato il telefono e non ho potuto fare a meno di ascoltare la conversazione; si trattava di cliente che, avendo visto un annuncio, chiamava per fissare un appuntamento e visionare l'immobile. La collega ha subito colto l'occasione e ha fissato l'incontro, però, non avendo l'esclusiva sull'immobile, ha preferito stabilire di vedersi davanti a un'attività commerciale della zona per non fornire all'altro l'indirizzo esatto dalla casa.

Pur augurando alla collega di avere successo e di riuscire a fare la vendita, nutro seri dubbi su quel tipo di approccio. È molto probabile che il cliente quando sarà stato accompagnato a vedere la casa non la trovi di suo gradimento, è altrettanto probabile che lo farà presente davanti ai proprietari, con notevole dispendio di energie da parte della collega e con grande delusione dei venditori, senza contare che probabilmente il potenziale acquirente si sentirà frustrato per aver visionato l'ennesimo immobile non gradito.

Eppure questo è un atteggiamento tutt'altro che inconsueto, anzi, è abbastanza normale nelle agenzie classiche; così facendo si innesca un meccanismo che io ho soprannominato "turismo immobiliare", ossia accompagnare i clienti a visionare il maggior numero di edifici nella speranza che prima o poi ne vedano uno che faccia per loro.

Ne sai qualcosa? Ti è mai capitato di vivere situazioni simili? Ma se è vero che quantità non è sinonimo di qualità, come si può invertire questa tendenza? Come possiamo evitare gli appuntamenti inutili e spesso dannosi per la nostra immagine con i venditori che si aspettano di veder entrare in casa loro solo clienti davvero interessati?

Prima di procedere con le soluzioni, desidero condividere con te alcuni dati, dalle statistiche dell'agenzia in cui lavoro ho riscontrato che fino a ottobre del 2010 ci sono state mediamente centocinquanta richieste al mese, con picchi di oltre centottanta nuove domande in un solo mese, purtroppo non tutti hanno comprato, ma prova a immaginare quante ore ci sarebbero volute per fare centottanta visite a immobili in un solo mese.

Quindi il segreto qual è? Come si fa a capire quali clienti accompagnare a visitare gli immobili?

Esattamente come per i venditori, anche per gli acquirenti si deve avere bene in mente quali sono i requisiti minimi per organizzare un appuntamento di vendita. Accompagneresti mai un cliente a vedere una casa di 45 mq sapendo che sono sei in famiglia? Eppure credo che a tutti sia capitato di sentirsi dire da un cliente che si aspettava una casa più grande. Scommetto inoltre che almeno una volta ti è capitato di portare qualcuno a visionare un appartamento e capire subito che se ne era innamorato, poi però al momento di fare una proposta non si è voluto sbilanciare fino a quando non hai capito che era troppo costoso per le sue finanze. Molto probabilmente anche tu, come me, ti sei maledetto per non avergli chiesto prima quanto poteva spendere.

Purtroppo, quando è successo a me qualche anno fa, il cliente ha avuto la pessima idea di dirlo di fronte al venditore e io mi sono sentito umiliato perché la delusione di quest'ultimo era evidente. Successivamente mi ha confidato di esserci rimasto molto male perché si vedeva che l'altro aveva gradito l'appartamento e si era convinto di aver concluso l'affare; mi ha anche chiesto per quale motivo lo avessi portato a vedere la casa se non poteva permettersela. Ti lascio immaginare il mio imbarazzo e come sia stato difficile spiegare al cliente che non me lo aspettavo nemmeno io.

Da queste esperienze negative, che più o meno abbiamo vissuto tutti, nasce la tecnica che utilizzo ora, apparentemente molto semplice, addirittura scontata se vogliamo, che purtroppo però utilizzano in pochi e che fa risparmiare moltissimo tempo, convincendo coloro che vogliono cedere la casa delle nostre capacità commerciali.

Quando ricevo una telefonata da un cliente che ha visto un annuncio, la prima cosa che faccio è quella di chiedergli nome e numero di telefono, oltre al riferimento dell'annuncio, affermando di essere impegnato al momento e di doverlo richiamare entro pochi minuti. Una piccola bugia se vogliamo, tuttavia, necessaria perché mi permette di avere un valido motivo per farmi lasciare i dati del cliente, così ho sin da subito una serie di vantaggi nei confronti della persona che ha chiamato, quali? Eccoli:

- ho il tempo di recuperare la scheda dell'immobile per non doverla cercare mentre lui attende al telefono;
- se sono io a chiamare l'altro non avrà fretta di riattaccare, così avrò il tempo di fargli una breve intervista (sembra banale, ma pur telefonando per un acquisto molto impegnativo come quello di una casa, alcuni tendono a essere restii a dilungarsi per non sostenere il costo della telefonata);
- avrò già il nome e il numero di telefono del cliente, cosa che spesso loro stentano a darci per non essere infastiditi con le proposte per altre soluzioni.

Questo piccolo espediente mi permette di fare già una prima scrematura; infatti, se una persona si rifiuta di lasciarmi i propri dati, la considero subito poco affidabile. Sta chiamando per avere informazioni su un immobile e non mi dice nemmeno come si chiama o come rintracciarlo, tu davvero gli forniresti informazioni? Credi che i proprietari sarebbero d'accordo?

Poi lo richiamo entro pochi minuti. La mia telefonata però non ha lo scopo di fissare un appuntamento per l'immobile da lui indicato, bensì quello di fare una prima intervista di scrematura e invitare il cliente in ufficio con un appuntamento programmato per visionare le schede di quell'edificio e di altri che selezionerò per lui. Proprio così, nella prima telefonata mi faccio lasciare le caratteristiche minime che la proposta deve avere per essere presa in considerazione e prometto di preparare in occasione del nostro incontro in ufficio una serie di presentazioni che valuteremo insieme per decidere quali andare a visionare.

Così con un investimento di circa mezz'ora avremo già scartato tutti gli stabili che non corrispondono alle sue necessità, senza nemmeno andarli a vedere.

Come accennavo nel primo capitolo, il tempo è l'unica risorsa che non possiamo rigenerare, quindi è importante utilizzarla in maniera oculata e programmata.

Ma quali sono le caratteristiche minime che ci interessano per fare una prima ricerca di massima?

Queste sono quelle che chiedo io:

1. che tipo di casa cerca (appartamento, casa singola, villa a schiera, villa);
2. quanto deve essere grande (mq o numero di camere e bagni);
3. in quale zona;
4. se ha un budget massimo;
5. vetustà (ossia se cerca una casa nuova, usata ma abitabile o da ristrutturare);
6. da quanto tempo sta cercando e per quando gli serve;
7. se ha già visto altre soluzioni interessanti.

Alcuni clienti rispondono liberamente a queste domande, altri sono un po' più restii, tuttavia vedremo nel prossimo capitolo come aggirare e gestire le eventuali obiezioni.

Con queste informazioni sono in grado di selezionare una serie di immobili da presentare al cliente al momento dell'appuntamento, naturalmente le domande da fargli sono molte di più, ma per una prima intervista telefonica con un cliente freddo che non abbiamo mai visto in faccia e che non ci conosce sono, a mio parere, più che sufficienti. La qualificazione vera e propria avviene durante l'appuntamento in ufficio.
SEGRETO n. 12: prima di incontrare il cliente e di dargli informazioni, fai in modo che ti fornisca degli elementi di massima per essere adeguatamente preparato al primo incontro.

Al momento del primo colloquio con il cliente è fondamentale fare buona impressione e non deludere le aspettative che abbiamo creato in lui. Gli abbiamo detto che avremmo selezionato alcuni immobili per le sue esigenze, quindi è bene prepararci in anticipo e farci trovare adeguatamente pronti.

Abbi l'accortezza di accoglierlo con un bel sorriso (ricorda che la prima impressione è difficile da cambiare), chiamalo per nome (te lo ha lasciato al telefono) e fallo accomodare in una stanza dove sei sicuro che non vi disturberanno, un buon modo per iniziare potrebbe essere quello di farti vedere mentre spegni il telefono o lo metti in modalità silenziosa, se necessario spiega che lo fai perché intendi dedicarti a lui senza essere interrotto.

Credi che il cliente apprezzerà? Io penso di sì, anzi, quasi tutti di fronte a un gesto del genere mi imitano e a loro volta spengono il cellulare, e io mi sono già aggiudicato il vantaggio che non sarò interrotto da suonerie che si azionano durante l'appuntamento.

Il passo successivo è quello di mostrare subito una serie di brochure su immobili che hai selezionato per lui, posale sul tavolo e specifica subito che prima di iniziare a visionarle desideri porgergli delle domande per chiarire alcuni punti e comprendere approfonditamente che tipo di casa sta cercando.

Chiedigli il permesso di compilare una scheda che ti permetta di ricordare bene le caratteristiche fondamentali e che hai già in parte riempito con i dati anticipati precedentemente. È un modo molto educato per ottenere il permesso di fare un'intervista al cliente senza che abbia da sentirsi seccato, il messaggio subliminale che gli stai inviando è che sei interessato alle sue esigenze, vuoi scriverle per non dimenticarle e per non fargli perdere tempo con proposte diverse dalle sue esigenze. Inoltre è raro che di fronte a una richiesta educata e ben formulata il cliente obietti.

È il momento di consegnare il tuo biglietto da visita. Presentati in maniera adeguata, spiega al tuo interlocutore che, prima di cominciare a fargli domande, intendi farti conoscere, in maniera rapida e sintetica (mi raccomando non più di un paio di minuti), racconta chi sei, cosa ti prefiggi di fare per lui e come pensi di farlo.

Io di solito, in maniera molto naturale, spiego ai clienti che svolgo la professione da oltre undici anni e che intendo comprendere le loro necessità per aiutarli a comprare la casa migliore. Per agevolarli chiederò anche la collaborazione dei colleghi, al fine di evitare che vedano la stessa casa con più agenzie, o che debbano girare a vuoto visionando decine di abitazioni che non fanno per loro.

Dopo una presentazione del genere, per il cliente non sono più uno sconosciuto, sa che ho a cuore le sue necessità, cosa farò per aiutarlo a comprare casa e sarà motivato a rispondere alle mie domande per essere supportato nell'acquisto.

Con l'aiuto della scheda informativa procedo nell'intervista, cercando di darle un tono discorsivo, molto informale, come una semplice chiacchierata in cui il cliente mi racconta cosa cerca; ogni tanto, quando ne sento la necessità, chiedo di approfondire alcuni concetti, per comprendere meglio le sue esigenze e per fargli capire che lo sto ascoltando attentamente. Per farlo è bene ricordarsi che le domande di approfondimento devono contenere sia il concetto dell'approfondimento che le parole utilizzate da lui.

Esempio: il cliente mi dice che sta cercando una casa di ampia metratura. La mia domanda a questo punto potrebbe essere la seguente: «Cosa intende per ampia metratura? Ha in mente una dimensione minima?» Il cliente mi esporrà la sua idea di ampia metratura e mi darà delle dimensioni minime, a mia volta gli potrei chiedere se c'è qualche motivo particolare per cui ha in mente quella specifica metratura. Sembrano banalità ma daranno una serie di informazioni fondamentali al fine di trovare la casa giusta per lui.

Durante l'intervista, una volta creata la giusta confidenza, approfondiamo il discorso economico, cercando di comprendere qual è il capitale che il cliente ha a disposizione per l'acquisto, se accenderà un mutuo, se ha dei risparmi, se dispone di un immobile da vendere, se acquista come prima casa e, soprattutto, se ha idea di quali siano le spese accessorie nell'acquisto di un'abitazione.

Per noi operatori del settore è scontato considerare che, oltre al prezzo d'acquisto, ci siano delle spese aggiuntive, quali il notaio, le tasse e le commissioni dell'agenzia, le quali variano a seconda del valore catastale, dell'importo del mutuo, e del fattore non trascurabile se il cliente acquista come prima o come seconda casa. Per l'altro tuttavia non è così scontato, siamo abituati a comprare beni e servizi e quando ci vengono proposti il prezzo è sempre comprensivo di tutto, sia che si parli di cifre modeste sia che si tratti di cifre impegnative, come per l'acquisto di un SUV.

I clienti che comprano casa a volte lo fanno per la prima volta e non hanno idea di quali siano i costi accessori, quindi investire qualche minuto per metterli al corrente di quelle che sono le spese aggiuntive, e verificare così il capitale a disposizione per l'acquisto, risulta fondamentale.

SEGRETO n. 13: prima di procedere con la presentazione delle proposte, informati attentamente sulle reali necessità del cliente, verifica di avere di fronte una persona seriamente motivata al fine di dedicare il tuo tempo solo a chi ha la possibilità di acquistare subito.

In questo momento hai le reali motivazioni per cui il cliente vuole acquistare, sai se deve prima vendere un altro immobile, quanto può spendere e che tipo di soluzione cerca. Non mi soffermo oltre sulla qualificazione del cliente, ma se vuoi approfondire, il concetto è ampiamente spiegato nel mio primo ebook *Il mediatore immobiliare*.

A questo punto hai ben chiara la situazione e puoi muoverti su un terreno solido. Se il cliente deve vendere, prima di cominciare la ricerca di un nuovo immobile, proponigli di mettere in commercio la sua casa per avere a disposizione la somma necessaria quando troverà quella che fa per lui.

Se invece egli deve accendere un mutuo, suggeriscigli un incontro con un consulente finanziario per verificare la finanziabilità e quindi il suo reale potere d'acquisto (anche questi due aspetti sono ampiamente spiegati in *Il mediatore immobiliare*).

A questo punto ci troviamo di fronte a due strade, ci sono clienti motivati e pronti a effettuare l'acquisto e altri che non sono realmente convinti o non sono già economicamente pronti (magari perché non hanno ancora venduto la loro casa e quindi devono aspettare per fare un'offerta).

Il mio consiglio è quello di selezionare ogni mese due o tre compratori realmente motivati, che hanno delle esigenze reali e che sai per certo che di fronte all'immobile giusto faranno la proposta d'acquisto. Con questi clienti definiti "caldi" è fondamentale instaurare un rapporto di fiducia affinché si affidino completamente a te, cosa significa? Hai mai sentito parlare di incarico di ricerca? È uno strumento particolarmente efficace che nei Paesi anglosassoni è già in uso da tempo, ma che per qualche ragione non ha ancora preso piede in Italia.

L'incarico di ricerca è il corrispettivo del mandato di vendita in esclusiva solo che, anziché incaricarti di vendere una casa, il cliente ti incarica di cercargliela. Questo tipo di mandato prevede che egli non vada a recuperare l'offerta attraverso altre agenzie o privati, ma altresì prevede che tu ti impegni molto attivamente per trovargli la soluzione giusta.

L'incarico di ricerca ti permette di avere la tranquillità di una provvigione e ti consente di rivolgerti alle altre agenzie per chiedere collaborazioni sui loro immobili, sapendo che, con un cliente fortemente motivato ad acquistare dalla tua parte, il collega non rifiuterà una provvigione quasi sicura (anche perché non potrebbe proporre direttamente lui la casa visto che l'acquirente è vincolato a te).

Tuttavia questo strumento, molto efficace anche per ricercare nuovi immobili attraverso gli annunci di privati, è altresì molto impegnativo, infatti abbiamo detto che va utilizzato con coloro che hanno reali e urgenti esigenze d'acquisto. La persona che si è affidata a te, impegnandosi a non cercare personalmente, si aspetta un contatto quotidiano da parte tua, esige (giustamente) di essere informata sul tipo di ricerche che stai effettuando. Vuole sapere quali immobili hai visionato e per quali motivi li hai scartati, quali agenzie hai contattato e cosa ti hanno proposto.

Abbiamo detto che il cliente ha delle esigenze reali, ad esempio potrebbe dover iniziare un nuovo lavoro o essere in attesa di un figlio e avere bisogno di una casa più spaziosa, quindi ha la necessità di perfezionare l'acquisto in un determinato lasso di tempo. Hai il compito di trovargli la soluzione giusta nel tempo stabilito, avendo la certezza che in quel caso lui farà una proposta, ma hai il dovere di cercare attivamente e con tutte le tue risorse l'immobile giusto per lui.

Qui mi ricollego al primo capitolo, quando spiegavo di cercare gli immobili in maniera mirata su esigenze reali, con un cliente del genere a portata di mano hai tutto il diritto di chiamare un proprietario che sta vendendo privatamente e informarlo che potresti avere la persona ideale per lui. Il vantaggio è che puoi dimostrarlo perché hai un incarico di ricerca firmato. Inoltre, se un collega si rifiuta di fissare un appuntamento su un suo immobile, puoi sempre andare direttamente dal proprietario e informarlo che hai l'acquirente possibile ma l'agenzia a cui si è affidato non gli consente la visita, informalo che sei disposto a collaborare rinunciando alla provvigione del venditore, che giustamente spetta al collega. Il cliente apprezzerà l'integrità morale e l'onestà e, sono sicuro, saprà convincere l'altro agente a cooperare.

SEGRETO n. 14: l'incarico di ricerca ci permette di visionare immobili di privati e chiedere la collaborazione di altre agenzie, tuttavia è eticamente doveroso utilizzarlo solo impegnandosi al massimo per soddisfare le esigenze del cliente, che confida in noi per concludere l'operazione.

Una volta trovato l'immobile giusto, il cliente deve solo fare l'offerta. Spesso anche il più motivato cercherà di trattare sul prezzo, fondamentalmente la parte più difficile è prendere la prima offerta e, se l'acquirente insiste per fare un tentativo a un prezzo inferiore, vale comunque la pena di prendere la prima offerta. Questo è un momento molto delicato, il cliente quando fa una proposta ha la sensazione di aver comprato, quindi bisogna fare molta attenzione e spiegare che la trattativa non è conclusa. Con il giusto tatto bisogna fargli capire che il venditore potrebbe non accettare, che il prezzo è stato fissato attraverso un'analisi di mercato, che lo stesso venditore potrebbe fare una controproposta, dobbiamo quindi predisporlo a ricevere a sua volta un'offerta e prepararlo ad accettarla.

Ricorda che, una volta fatta la proposta e staccato l'assegno di caparra, è più facile far rialzare l'offerta che non prenderla subito più alta, soprattutto se il cliente è stato preparato a ricevere una controproposta, la differenza è inferiore alla cifra iniziale. Mi spiego meglio, prendiamo un esempio.

Il cliente ha visto un alloggio che gli interessa e che costa 200.000 euro. Insiste per fare un'offerta di 180.000 euro, tu lo prepari e gli dici che il venditore non è disposto a mediare perché la trattativa è già stata fatta al momento dell'incarico, e gli fai capire che non c'è margine.

In fase di trattativa il venditore accetta di vendere, ma vuole realizzare almeno 190.000 euro, al compratore devi far capire che deve solo alzare l'offerta di 10.000 euro, ne sta risparmiando 10.000, è un grande successo a fronte di un incremento del 5 per cento. Non stai più parlando di 200.000 euro, mantienilo concentrato sui 10.000 che è una cifra molto inferiore. Fallo ragionare sulle sue necessità e chiedigli espressamente se valgono un impegno economico di 10.000 euro. Lavora sulle esigenze personali e sul fatto che sei convinto del reale valore dell'immobile. Se hai operato correttamente in fase di acquisizione, sai che il prezzo è equo e anche il cliente acquirente lo sa perché, come già detto, lui è informato sui prezzi delle case, quindi è normale che voglia fare un tentativo, ma se è realmente motivato ad acquistare supererà l'ostacolo del 5 per cento apprezzando lo sconto ottenuto.

SEGRETO n. 15: è fondamentale far scrivere la prima offerta al cliente informandolo che la trattativa è conclusa solo dopo che il venditore la ha accettata. Preparalo a ricevere a sua volta una proposta e informalo che probabilmente dovrà alzare l'offerta iniziale.

RIEPILOGO DEL CAPITOLO 4:

- SEGRETO n. 12: prima di incontrare il cliente e di dargli informazioni, fai in modo che ti fornisca degli elementi di massima per essere adeguatamente preparato al primo incontro.
- SEGRETO n. 13: prima di procedere con la presentazione delle proposte, informati attentamente sulle reali necessità del cliente, verifica di avere di fronte una persona seriamente motivata al fine di dedicare il tuo tempo solo a chi ha la possibilità di acquistare subito.
- SEGRETO n. 14: l'incarico di ricerca ci permette di visionare immobili di privati e chiedere la collaborazione di altre agenzie, tuttavia è eticamente doveroso utilizzarlo solo impegnandosi al massimo per soddisfare le esigenze del cliente, che confida in noi per concludere l'operazione.
- SEGRETO n. 15: è fondamentale far scrivere la prima offerta al cliente informandolo che la trattativa è conclusa solo dopo che il venditore la ha accettata. Preparalo a ricevere a sua volta una proposta e informalo che probabilmente dovrà alzare l'offerta iniziale.

CAPITOLO 5:
Come fronteggiare le obiezioni

La gestione delle obiezioni è un aspetto fondamentale delle trattative. È doveroso avvertire che esse, a differenza di quanto si pensi, sono delle vere e proprie manifestazioni di interesse, alcuni docenti di marketing addirittura le definiscono richieste d'aiuto a decidere.

Nei corsi di formazione vi si dedicano intere giornate, sono stati scritti diversi libri sul tema della gestione delle obiezioni e chi conosce la PNL (Programmazione Neuro Linguistica) sa che molti sono i testi dedicati all'argomento.

Alcuni formatori hanno fatto della gestione delle obiezioni il proprio *coore business*, insegnando ai commerciali come gestirle e usarle contro i clienti.

Alcune ditte investono centinaia di migliaia di euro nelle gestione dei reclami, proprio perché i loro commerciali hanno un impatto troppo aggressivo nella conduzione delle obiezioni e, seppur concludendo un contratto, il cliente poi si sente raggirato e si rivolge (spesso giustamente) all'ufficio reclami.

Una cosa è certa e tutti concordano sull'argomento, le obiezioni sono fondamentalmente racchiudibili in due categorie:

- obiezioni reali;
- obiezioni fittizie.

Le obiezioni reali sono quelle che il cliente ci fa perché ha davvero bisogno di approfondire un argomento; quelle fittizie sono utilizzate per cercare una giustificazione a dirci di no.

Nel primo caso è indispensabile approfondire il concetto e se necessario spiegarlo in maniera più appropriata e comprensibile. Nel secondo, bisogna chiedersi se il cliente apprezza il servizio che gli stiamo offrendo. Spesso queste obiezioni ci vengono fatte prima che avvenga la presentazione del nostro modo di lavorare, in tal caso, è sufficiente rimandare la risposta alla fine della presentazione e spesso la contestazione non verrà riproposta.

Se invece ci è stata sottoposta dopo che abbiamo già illustrato il servizio, e nella spiegazione abbiamo già risposto, bisogna capire se il cliente sta cercando una via di fuga o se realmente non ha compreso la nostra illustrazione.

Se sta cercando una via di fuga, probabilmente la sua motivazione è inferiore a quella necessaria a giustificare il nostro impiego di tempo; ritengo che metterlo alle strette palesando l'infondatezza dell'obiezione lo porrebbe nella scomoda situazione di dover accettare le nostre condizioni e successivamente di sentirsi ingannato. Se deciderai di procedere in questo modo allora il consiglio che ti do è di attrezzarti con un efficace ufficio reclami. Io da tempo ho scelto di rinunciare a questo tipo di assistiti, come spiegato nel capitolo primo.

SEGRETO n. 16: se ti accorgi che un cliente ti fa obiezioni fittizie perché sta cercando una via di fuga, chiediti se è realmente convinto a vendere o comprare casa: rinunciare oggi a un cliente poco motivato ti eviterà di avere a che fare con una persona insoddisfatta che ti farà cattiva pubblicità.

Personalmente ho provato in prima persona che ci sono fondamentalmente due modi per approcciare alle obiezioni dei clienti:

1. prevenirle;
2. gestirle.

Prevenire le obiezioni vuol dire che sappiamo a priori quali sono quelle potenziali e, durante il colloquio, attraverso la giusta serie di domande bisogna far dire al cliente cosa è realmente importante per lui, successivamente, nell'esposizione del servizio andremo a proporgli esattamente quello che ci ha detto essere fondamentale e di conseguenza non avremo contestazioni da gestire.

Nel caso in cui, invece, alla fine dell'esposizione del servizio il cliente avrà delle obiezioni, allora vuol dire che non abbiamo colto nel segno gli aspetti per lui primari.

È questo il momento cruciale, perché, come detto prima, l'obiezione è un segnale di interesse, ciò significa che il cliente è interessato al nostro servizio, ma ci sono delle cose che non lo convincono. Attraverso una serie di domande è nostro compito intuire quali sono e, se necessario, ricominciare la qualificazione per comprendere se abbiamo da offrire ciò che per il cliente è importante e riproporglielo così che comprenda che gli stiamo offrendo quello che cerca.

Mi spiego meglio. Una delle obiezioni classiche opposte in fase di acquisizione è: «Non ti do l'esclusiva perché se incarico più agenzie ho maggiori probabilità di vendere». L'obiezione è reale o fittizia?

Secondo me è fittizia, infatti possiamo prevenirla spiegando che nella promozione della sua casa ci avvarremo della collaborazione di altre agenzie. Tuttavia il cliente potrebbe non aver afferrato il concetto, quindi di solito è sufficiente chiedergli a quante agenzie pensava di appoggiarsi, sicuramente saranno meno di quelle con le quali collaborate o con le quali potreste collaborare, quindi potrete rispondergli semplicemente proponendo di rapportarvi con tutte le agenzie della vostra zona.

Una volta gestita l'obiezione, bisogna sempre fare la domanda di controllo, che consiste nel chiedere al cliente se ritiene soddisfatto il suo dubbio: se dice di sì, allora procedete chiedendo se c'è qualcos'altro che gli impedisce di decidere subito. Ascoltate le eventuali altre osservazioni e continuate nello stesso modo. Se dice di no allora procedete con la conclusione, sia che si tratti di un incarico di vendita sia che si tratti di una proposta d'acquisto.

Analizziamo bene come prevenire le obiezioni, poi vediamo come rispondere adeguatamente a quelle più comuni.

Per prevenire le obiezioni esiste un metodo molto efficace, basta fare le giuste domande in fase di colloquio. Il segreto di un buon rapporto, esattamente come quello di un impatto positivo, passa sempre attraverso le domande: chiedere al cliente cosa si aspetta da noi, quale servizio ritiene efficace, se considera utile una determinata promozione o strategia.

Mi spiego meglio. Fra i vari servizi che offri c'è la collaborazione, ma intercorre una grande differenza fra dire al cliente che collabori e chiedergli se per lui è utile che tu nel promuovere l'immobile coinvolga le altre agenzie per offrirgli la possibilità di avere a disposizione più canali con un unico referente.

Esempio: mentre conosci il cliente gli chiedi: «Secondo lei, è utile avere più agenzie che promuovono la sua casa senza sovrapporsi e scavalcarsi a vicenda? Crede sia costruttivo che più persone lavorino insieme per ottenere un risultato comune?»

Difficilmente il cliente avrà da obiettare, anzi, sarà piacevolmente colpito da questo modo di operare; non ti resta altro da fare che spiegargli come andrai a proporre la collaborazione ai colleghi, rimarcando il fatto che sei pronto a rinunciare a metà dei tuoi guadagni (se la vendita avviene in collaborazione l'acquirente pagherà la provvigione all'altra agenzia) pur di velocizzare i tempi di vendita e dargli il miglior servizio possibile.

Credi che avrà qualcosa da ridire? Ti considererà un professionista serio? Pensi che alla fine avrà da dubitare se darti o meno l'esclusiva per avere più agenzie che lo seguano?

Lo stesso approccio va fatto per tutte le obiezioni possibili.

Sicuramente anche tu hai una serie di servizi da offrire al cliente, la maggior parte degli agenti per spuntare un mandato di vendita si lancia in lunghi monologhi in cui spiega dettagliatamente quali sono questi servizi.

Io personalmente ritengo più costruttivo e meno noioso chiedere di volta in volta al cliente se ritiene efficace e utile una prestazione, in caso affermativo gli spiego che è prevista e gliela spiego; se invece mi fa capire che non gli interessa, allora passo alla successiva e gli accenno solo brevemente che offro anche quella.

Così facendo mi soffermo solo sulle cose importanti per l'interlocutore ed evito di annoiarlo con lunghe spiegazioni che possono distrarlo dalla trattativa.

Soffermati a pensare a quest'ipotesi: ti trovi di fronte a una coppia di simpatici ottantenni, che non sanno nemmeno come si accende il computer, ma siccome uno dei servizi che offri è la pubblicità sui siti Internet ti soffermi a parlare dei portali e di come effettui la pubblicità, gli spieghi come avviene il contatto attraverso i motori di ricerca e magari, siccome sei ferrato sull'argomento, gli spieghi anche i dettagli tecnici, la descrizione dell'annuncio, le misure dei vani, il posizionamento geografico attraverso Google maps e cose simili.

Una presentazione perfetta, ammirabile persino, perché chiara e dettagliata. Tuttavia, credi sia utile? Il cliente avrà apprezzato alla fine? Oppure si sentirà un po' stupido perché non sa nemmeno di cosa stai parlando?

Forse è meglio chiedergli se utilizza Internet, dirgli che il 70 per cento dei clienti prima di entrare in ufficio consulta la rete e che tu sei visibile anche lì; poi, senza soffermarti troppo gli domandi se ha dei figli o dei nipoti che usano il computer e il permesso di inviare loro il link da visionare. Poi passi a strumenti che il cliente conosce meglio, come il cartello o la pubblicità sulla carta stampata, gli mostri un esempio di brochure come la fai vedere al cliente in ufficio, con le planimetrie e le fotografie.

Credi che egli apprezzerà di più in questo caso? La prevenzione delle obiezioni è esattamente questo: chiedere al cliente e parlargli di ciò che ritiene importante. Il professionista sei tu e di conseguenza sei tu il responsabile della comunicazione. È un tuo dovere esprimerti nel linguaggio dell'altro, comprendere cosa gli interessa e soffermarti su ciò che è importante per lui. Parlare di meno e ascoltare di più è la formula vincente nella comunicazione e, siccome vendiamo un servizio e non un prodotto tangibile, è indispensabile padroneggiare questa tecnica.

SEGRETO n. 17: nella comunicazione è fondamentale chiedere al cliente se un servizio è per lui interessante e utile, e solo in caso affermativo spiegargli come intendo offrirglielo. Parla al cliente di ciò che gli interessa e avrai la sua attenzione e fiducia.

Per tutte le obiezioni che non sei riuscito a prevenire, c'è comunque la possibilità di rimediare. Come? Non ci crederai, ma il sistema è sempre lo stesso: fare domande. Mi spiego meglio utilizzando degli esempi.

Quali sono le obiezioni più comuni dei venditori e degli acquirenti?

Obiezioni del venditore:

- «voglio più agenzie»;
- «voglio avere la possibilità di vendere a privati»;
- «il prezzo è troppo basso»;
- «le provvigioni sono troppo alte»;
- «voglio più pubblicità»;
- «voglio essere tenuto informato».

Obiezioni dell'acquirente:

- «il prezzo è troppo alto»;
- «voglio vedere altre case»;
- «le provvigioni sono eccessive».

Analizziamole ora singolarmente.

Venditore: «Voglio più agenzie», l'abbiamo già sviluppata quindi non mi soffermerò più a lungo.

«Voglio avere la possibilità di vendere a privati». Domanda: «Cosa intende? Ha dei privati che stanno valutando l'acquisto? Pensa che privatamente avrà la possibilità di pubblicizzare l'immobile meglio di me? Lo sa che i clienti vogliono vendere privatamente ma comprano dalle agenzie perché temono di essere truffati?»

«Il prezzo è troppo basso». Ribatti: «Cosa intende per prezzo troppo basso? Prima mi ha detto che ha la necessità di vendere in tempi brevi, ho capito bene se dico che vuole proporre l'immobile a un prezzo superiore degli altri rischiando di aiutare loro a vendere anziché se stesso?»

«Le provvigioni sono troppo alte». «Cosa intende per troppo alte? Ritiene che il servizio che le ho proposto non valga il prezzo che le chiedo? A quali servizi è disposto a rinunciare per pagare di meno?»

«Voglio più pubblicità». «Benissimo, la pubblicità non è mai abbastanza, quale sistema ritiene che potrei adottare per pubblicizzare meglio il suo immobile?»

«Voglio essere tenuto informato». «Sono d'accordo con lei, essere tenuto informato è molto importante, ogni quanto crede sia opportuno sentirci per un resoconto della situazione?»

Acquirente: «Il prezzo è troppo alto». Rispondi: «Cosa intende per prezzo troppo alto? Visionando le altre proposte abbiamo riscontrato che questo immobile ha un prezzo inferiore alla media, crede che sul mercato ci siano offerte migliori? Come mai non le ha prese in considerazione?».

«Voglio vedere altre case». «Per quale motivo vuole vedere altre case? Abbiamo selezionato il miglior immobile disponibile sul mercato per lei, abbiamo scelto l'alloggio che soddisfa le sue necessità, cosa non le piace di questa casa?»

«Le provvigioni sono eccessive». «Certo, le provvigioni hanno il loro peso, ma perché le considera eccessive? Crede che il mio servizio non sia proporzionato? Ritiene che dovrei fare di più per garantirvi un acquisto sereno?»

Dopo ogni domanda ascoltate attentamente le risposte, verificate che l'obiezione sia reale e non fittizia, se è reale approfondite sino a quando il cliente non è soddisfatto e concludete sempre con la domanda di controllo.

Se l'obiezione è fittizia si risolverà da sola, in caso contrario chiedetevi se vale la pena insistere.

SEGRETO n. 18: di fronte a ogni obiezione chiediti se è reale o fittizia, se è reale approfondisci facendo domande sino a quando il cliente non è soddisfatto.

RIEPILOGO DEL CAPITOLO 5:

- SEGRETO n. 16: se ti accorgi che un cliente ti fa obiezioni fittizie perché sta cercando una via di fuga, chiediti se è realmente convinto a vendere o comprare casa: rinunciare oggi a un cliente poco motivato ti eviterà di avere a che fare con una persona insoddisfatta che ti farà cattiva pubblicità.
- SEGRETO n. 17: nella comunicazione è fondamentale chiedere al cliente se un servizio è per lui interessante e utile, e solo in caso affermativo spiegargli come intendo offrirglielo. Parla al cliente di ciò che gli interessa e avrai la sua attenzione e fiducia.
- SEGRETO n. 18: di fronte a ogni obiezione chiediti se è reale o fittizia, se è reale approfondisci facendo domande sino a quando il cliente non è soddisfatto.

Conclusione

In un momento di mercato in crisi, avere la sensibilità per effettuare il giusto cambiamento e adeguarsi alle sue richieste permette di mantenere il proprio livello di produzione e forse anche di incrementarlo, solo chi rimane restio al cambiamento subisce il mercato, chi invece vi si adegua lo crea, ecco perché negli ultimi due anni ci sono franchising immobiliari che hanno incrementato il loro fatturato, mentre altri stanno letteralmente fallendo.

I clienti hanno le loro esigenze, la responsabilità di un professionista è quella di adeguarsi ad esse per soddisfarle. Quando i mercati entrano in crisi le aziende che sanno puntare alla qualità mantengono un livello di guadagni costante, anzi, possono riuscire ad aumentare i profitti.

In un settore fondamentalmente vecchio come quello delle agenzie immobiliari, che seppur gestite da personale giovane applicano tecniche vetuste e obsolete, differenziarsi ed essere innovativi permette di avere successo.

Ricordati l'importanza della professione che stai svolgendo, dai al cliente la giusta importanza, valorizzalo più del suo immobile e lui si fiderà di te ascoltando quello che hai da dirgli e seguendo i tuoi consigli.

In un momento in cui le case in vendita sono molte di più che in passato, bisogna sapersi adeguare e puntare sui clienti acquirenti, dando loro l'importanza che sino a oggi è stata riservata solo ai clienti venditori.

Utilizzare strumenti innovativi come l'incarico di ricerca permette di differenziarsi ed elevarsi sopra il livello della concorrenza.

Mi auguro di averti fornito spunti interessanti in questo mini ebook e che tu riesca a cambiare e migliorare la tua posizione professionale, sì da diventare punto di riferimento per i tuoi clienti.

www.ingramcontent.com/pod-product-compliance
Ingram Content Group UK Ltd.
Pitfield, Milton Keynes, MK11 3LW, UK
UKHW022015190726
13853UKWH00005B/1940

9 788861 742970